BEI GRIN MACHT SICH IHR WISSEN BEZAHLT

- Wir veröffentlichen Ihre Hausarbeit, Bachelor- und Masterarbeit

- Ihr eigenes eBook und Buch - weltweit in allen wichtigen Shops

- Verdienen Sie an jedem Verkauf

Jetzt bei www.GRIN.com hochladen und kostenlos publizieren

Trainer-Spieler-Gespräche im Fußball. Analyse der Chancen und Risiken anhand verschiedener Kommunikationsmodelle

Angelo Petrone

Bibliografische Information der Deutschen Nationalbibliothek:

Die Deutsche Nationalbibliothek verzeichnet diese Publikation in der Deutschen Nationalbibliografie; detaillierte bibliografische Daten sind im Internet über http://dnb.d-nb.de abrufbar.

ISBN: 9783346375148

Dieses Buch ist auch als E-Book erhältlich.

© GRIN Publishing GmbH
Nymphenburger Straße 86
80636 München

Alle Rechte vorbehalten

Druck und Bindung: Books on Demand GmbH, Norderstedt Germany
Gedruckt auf säurefreiem Papier aus verantwortungsvollen Quellen

Das vorliegende Werk wurde sorgfältig erarbeitet. Dennoch übernehmen Autoren und Verlag für die Richtigkeit von Angaben, Hinweisen, Links und Ratschlägen sowie eventuelle Druckfehler keine Haftung.

Das Buch bei GRIN: https://www.grin.com/document/1001555

Hochschule für angewandtes Management

Fachbereich: Fußballmanagement

Wintersemester 2018/2019

schriftliche Präsentationsunterlage

Kurs: Kommunikation und Präsentation

Chancen und Risiken eines Trainer-Spieler Gesprächs

vorgelegt von

Angelo Petrone

1. Semester

Tag der Einreichung: 12.03.2019

GLIEDERUNG

ABBILDUNGSVERZEICHNIS 1

1. EINLEITUNG 2

2. THEORETISCHER TEIL 3

2.1 Die Fünf Axiome nach Watzlawick 3
2.2 Kommunikationsmodell nach Schulz von Thun 5
2.3 Themenzentrierte Interaktion 7

3. PRAKTISCHER TEIL 8

3.1 Einzelgespräch Trainer – Spieler 8
    3.1.1 Anwendung des Modells der fünf Axiome 9
    3.1.2 Anwendung des Kommunikationsquadrats 11
3.2 Ansprache vor dem Spiel 12
3.3 Anweisungen während des Spiels 12

4. CHANCEN, RISKEN UND VERBESSERUNGSVORSCHLÄGE 13

4.1 Risiken der Kommunikation 14
4.2 Chancen von guter Kommunikation 14
4.3 Verbesserungsvorschläge 15

5. ZUSAMMENFASSUNG/FAZIT 18

LITERATURVERZEICHNIS 20

ABBILDUNGSVERZEICHNIS

Abbildung 1:

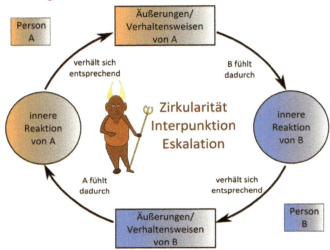

Link: https://de.wikipedia.org/wiki/Teufelskreis#/media/File:Teufelskreis_thun_abstrakt.svg

Abbildung 2:

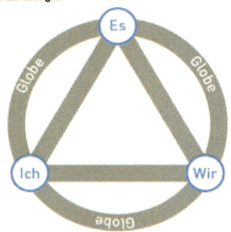

Link: https://wb-web.de/wissen/interaktion/Themenzentrierte-Interaktion-TZI.html

1. EINLEITUNG

Das Thema der folgenden Arbeit lautet, Chancen und Risiken eines Trainer-Spieler Gesprächs. Die Kommunikation zwischen dem Trainer und seinen Spielern ist eine bedeutungsvolle Komponente damit die Beziehungen auf und neben dem Platz funktionieren können.

Dem Trainer sollte bewusst sein, wie er seine Mannschaft mit seinen Worten zu erreichen hat, sodass die Mannschaft erfolgreich seinen Anweisungen, Vorschlägen oder seiner Kritik folgen kann. Manchen Trainern fällt es jedoch schwer mit der Mannschaft zu kommunizieren, was dazu führen kann, dass die Spieler die Anweisungen nicht genau verstehen können und somit schlechter spielen. Somit steigt die Unzufriedenheit des Trainers gegenüber der Mannschaft, da er seiner Meinung nach, taktische Anweisungen verständlich von sich geben konnte. Hierbei gilt es auch zu beachten, welche Altersgruppe trainiert wird. In einer U19- oder U17-Mannschaft kann ein Trainer deutlich tiefer in die Taktik gehen, als bei einer E- oder F-Juniorenmannschaft, bei denen eher noch der Spaß am Fußball im Vordergrund steht. Generell gesehen ist die Art und Weise wie mit einem Kind gesprochen wird, eine andere, als wenn mit Jugendlichen kommuniziert wird.

Das Ziel dieser Arbeit ist es, Kommunikationsprobleme zwischen Trainer und Spieler zu erklären und soll auch anhand von Beispielen Verbesserungsvorschläge erläutern, um auftretende Schwierigkeiten, Missverständnisse oder auch Meinungsverschiedenheiten zu lösen.

Die Arbeit lässt sich in drei Abschnitte untergliedern; der erste theoretische Teil handelt über die drei ausgewählten Kommunikationsmodelle, welche auf die Beispiele angewendet werden sollen. Bei den Modellen handelt es sich um die fünf Axiome von Paul Watzlawick, das Kommunikationsquadrat nach Friedemann Schulz von Thun, sowie die Themenzentrierte Interaktion von Ruth Cohn. Diese Modelle werden im Detail untersucht und beschrieben. Darauffolgend werden im praktischen Teil folgende Situationen auf die Modelle der fünf Axiome und des Kommunikationsquadrates angewendet; die Ansprache des Trainers vor einem Spiel, ein Einzelgespräch zwischen Spieler und Trainer und Anweisungen des Trainers an die Spieler auf dem Feld. Hierbei soll das Einzelgespräch detailliert beschrieben werden. Um den Hauptteil abzuschließen rücken die Chancen und Risiken der Trainer-Spieler Interaktion in den Fokus. Dieser Teil der Arbeit wird mit Verbesserungsvorschlägen beendet, bei dem die Themenzentrierte Interaktion von Ruth Cohn benutzt wird, um die Beziehung zwischen Trainer und Spieler, aber auch unter der Mannschaft selbst zu verbessern.

2. THEORETISCHER TEIL

Im Folgenden werden die drei ausgewählten Kommunikationsmodelle detailliert untersucht. Es handelt sich hierbei um die fünf Axiome nach Paul Watzlawick, das Kommunikationsmodell von Friedemann Schulz von Thun und die Themenzentrierte Interaktion nach Ruth Cohn.

2.1 DIE FÜNF AXIOME NACH WATZLAWICK

Paul Watzlawick gehört zu den bedeutendsten Kommunikationswissenschaftlern. Er stellte fünf Grundregeln der menschlichen Kommunikation in Form von Axiomen auf.

Kurz zusammengefasst kann man die fünf Grundregeln folgendermaßen beschreiben:

1. *Man kann nicht, nicht kommunizieren.*
2. *Es gibt eine Beziehungsebene, welche die Art des Inhalts beeinflusst.*
3. *Die Kommunikation besteht aus Aktion und Reaktion.*
4. *Es gibt digitale und analoge Arten zu kommunizieren.*
5. *Die Kommunikation kann symmetrisch oder komplementär sein.*

Diesen fünf Axiomen wird ein bedeutsamer Einfluss nachgesagt, bezüglich der Erforschung und Anwendung im Bereich der Kommunikation. Diese Erkenntnisse werden heutzutage als Voraussetzung gesehen, um die Kommunikationsprozesse nachzuvollziehen (vgl. Alter, 2015, S.5).

Das erste Axiom, besagt, dass man ohne Worte kommunizieren kann. Wie Paul Watzlawick in seinem Werk „Menschliche Kommunikation" (Watzlawick, Paul; Bavelas, Janet H.; Jackson, Don D., 2011) festhält, nimmt ein Mensch an einem Kommunikationsprozess auch ohne Worte teil. Der Empfänger muss für sich das Verhalten des Senders einschätzen und interpretieren. Bei einer „Face-to-Face-Situation" wie Walter Simon (2010) beschreibt, kommt es, auch wenn die Gesprächspartner es nicht wollen, zu einer Kommunikation (S. 25). Mittels einfacher menschlicher Aktionen, wie schweigen gegenüber einer anderen Person oder ignorieren einer Person, verrät ein Gesprächsteilnehmer seinen Unwillen, an der Kommunikation teilzunehmen (vgl. Haller, 2018, S.29).

Weitergehend befasst sich das zweite Axiom mit der Erkenntnis, dass es während eines Gespräches zwischen zwei Menschen eine Beziehungs- und Sachebene gibt. Die Kommunikation wird vom Inhalt getragen, dabei ist es sehr wichtig die zwischenmenschliche Ebene nicht aus dem Fokus rücken zu lassen, da diese beeinflusst, wie die Personen auf die jeweiligen Aussagen reagieren und wie das Gespräch weiterläuft.

Wie auf www.paulwatzlawick.de zu lesen ist wird „durch Gestik, Minik [sic] und Tonfall des Sprechers [...] im Angesprochenen verschiedene Reaktionen ausgelöst" (Die Axiome von Paul Watzlawick, o.D.). Diese Reaktionen sind die Bestätigung, Verwerfung und Entwertung der Aussage des anderen Sprechers (vgl. Die Axiome von Paul Watzlawick, o.D.). Laut Watzlawick kommt es zu zwei verschiedenen Fällen bezüglich der Sach- und Inhaltsebene. Zum einem beschreibt er die Situation, wenn die Partner auf beiden Ebenen auf der gleichen Seite sind und keine Unstimmigkeiten herrschen. Zum anderen existiert der Fall, dass die Partner sich auf beiden Ebenen uneinig sind (vgl. Watzlawick et al. 2011, S. 94). Zudem beschreibt er verschiedene Formen der Uneinigkeit. Zum einem, wenn die Partner auf der Inhaltsebene keine Übereinstimmung finden, aber auf der Beziehungsebene sich einig sind. Weiter identifiziert er die Uneinigkeit auf der Inhaltsebene (vgl. Watzlawick et al., 2011, S.94). Näher untersucht meint Watzlawick damit, dass „bei[m] Wegfallen des Einverständnisses auf der Inhaltsstufe die Tragfähigkeit der Beziehung ernsthaft gefährdet sein dürfte" (Watzlawick et al., 2011. S. 94). Dazu kann es auch zu einer Konfusion beider Seiten kommen, was dann meist auf der Inhaltsebene gelöst werden soll oder durch eine Meinungsverschiedenheit, bei der mit Anschuldigungen hantiert wird (vgl. Watzlawick et al., 2011, S. 94 f.).

Mit der dritten Grundregel wird von einer Aktion und Reaktion während einer Unterhaltung gesprochen. Bei jeder Kommunikation ist ein Anfangspunkt zu erkennen. Bei Streitgesprächen kommt es jedoch zu dem Fall, das die Partner individuell den Anfangspunkt setzen und somit die Schuld und den Auslöser für den Streit auf den anderen geschoben wird (vgl. Haller, 2018, S. 30 f.). Es kommt zu einer subjektiven Auffassung, da jeder Gesprächspartner sein Verhalten als Reaktion auf den anderen Partner sieht (vgl. Die Axiome von Paul Watzlawick, o.D.). Dieses Verhalten kann auch in einem Modell veranschaulicht werden und zwar dem Teufelskreismodell (Abb. 1).

Das vierte Axiom handelt über den Interpretationsraum, der vorherrscht, den man mit einer Aussage trifft. Nach Watzlawick wird einem schon von klein auf beigebracht, dass Entschuldigungen nur mit dem Einsatz von Worten oft nicht glaubhaft übermittelt werden können (vgl. Watzlawick et al., 2011, S. 64). „Eine Geste oder eine Miene sagt uns mehr darüber, wie ein anderer über uns denkt, als hundert Worte" (Watzlawick et al., 2011, S. 64), ist der wichtigste Teil dieses Zitates, da hier der Unterschied zwischen digitaler und analoger Kommunikation beleuchtet wird. Gestik und Mimik können den Interpretationsspielraum schmälern und die Nachricht verständlicher an den Empfänger übermitteln. Bei einer digitalen Kommunikation wissen beide Partner was der Inhalt der Aussage ist, das heißt die Nachricht hat keinen Interpretationsspielraum und es ist eindeutig welchen Zweck die Aussage hatte. Im Gegenteil dazu lässt eine analoge Kommunikation einen Interpretationsspielraum zu.

Die Aussage ist entweder unklar gemacht worden oder es gibt eine mehrfache Bedeutung, die der Empfänger für sich dann entschlüsseln und interpretieren muss (vgl. Die Axiome von Paul Watzlawick, o.D.).

Abschließend wird noch der Beziehungsunterschied zwischen den Gesprächsteilnehmern erklärt. Es gibt komplementäre und symmetrische Kommunikationen. Bei einer symmetrischen Kommunikation sind beider Partner auf einer Ebene und haben das gleiche Verhältnis während eines Gespräches (vgl. Simon, 2010, S. 30). Bei einer komplementären Unterhaltung ist ein Partner „superior" und der andere „inferior" (vgl. Die Axiome von Paul Watzlawick, o.D.). Das heißt ein Gesprächspartner ist dem anderen sozusagen in der Rangordnung übergestellt.

2.2 KOMMUNIKATIONSMODELL NACH SCHULZ VON THUN

Ein weiteres bedeutendes Kommunikationsmodell ist das Kommunikationsquadrat nach Friedemann Schulz. Die obere Darstellung beinhaltet den Sender, der mit vier Schnäbeln spricht, den Empfänger, der mit vier Ohren hört und die Nachricht, die vier verschiedene Seiten vorweist.

Der Sachinhalt legt Wert darauf, wie die Eigenschaft des Ausgesprochenen ist. Es ist wichtig für den Empfänger zu wissen, ob die Aussage wahr/unwahr ist, ob sie relevant/irrelevant ist oder falls sie hinlänglich/unzureichend ist. Öfters ist es das direkt Ausgesprochene (explizite), was zur Sachlichkeit beiträgt. Trotzdem kann der Empfänger die Relevanz, Hinlänglichkeit und das Wahrheitskriterium hinterfragen und sogar die Nachricht relativieren, je nach Interpretation von jenem. Wichtig für den Sender ist es, die Inhalte verständlich und klar zu sprechen, damit der Empfänger keine falsche Interpretation unterlaufen kann (vgl. Schulz von Thun, Ruppel, Stratmann, Kurth, 2017, S. 34 f.) und (vgl. das Kommunikationsquadrat, o.D.).

Bei der Beziehungsseite stehen vor allem non-verbale Kommunikationsmittel im Mittelpunkt. Mimik und Tonfall sind dabei als wichtige Mittel zu nennen. Unabhängig davon mit welcher Person eine Unterhaltung geführt wird, übersenden beide Partner mit ihren non-verbalen Aktionen Informationen darüber, wie ihre Beziehung untereinander ist. Während der Kommunikation wird ein Beziehungshinweis immer vorhanden sein. Unter anderem werden Beziehungssignale implizit gesendet, sozusagen ,,*zwischen den Zeilen*" (Schulz von Thun, et al., 2017, S.36). Der Empfänger kann, einerseits sehr sensibel auf eine Äußerung reagieren und die Nachricht als persönlichen Angriff verstehen, aber auch anderseits positiv aufnehmen. Falls eine Beziehung schon Probleme mit sich bringt, dann ist eine Kommunikation meist störanfällig zwischen beiden Parteien. Im Gegensatz dazu wird, in einer funktionierenden Beziehung, nicht jede Aussage überbewertet und löst keine Unstimmigkeiten aus (vgl. Schulz von Thun, et al., 2017, S. 35-36) und (vgl. das Kommunikationsquadrat, o.D.).

„Immer, wenn ich etwas von mir gebe, gebe ich auch etwas von mir (kund, preis)!" (vgl. Schulz von Thun, et al., 2017, S. 37). Ob die Person es beabsichtigt oder nicht, wird sie immer etwas von sich geben. Auch hier kann der Sender diese Nachricht implizit und explizit senden. Außerdem nutzen Personen die Selbstkundgabe zu ihrer Selbstdarstellung, die meist als gut gezeigt wird, sowie als eine Art sich authentisch zu zeigen. Auf der Seite des Empfängers muss dieser für sich selber entscheiden, wie er den Sender und seine Aussagen einschätzt (vgl. Schulz von Thun, et al., 2017, S. 37).

Letztlich wird die Appellseite des Senders, Empfängers und der Nachricht erklärt. Hier will der Sender mit seiner Aussage Einfluss nehmen auf den Empfänger. Für Führungskräfte ist diese Seite des Kommunikationsquadrats bedeutungsvoll, da sie diese Qualität besitzen müssen, um die Mitarbeiter zu motivieren und auch zu leiten. Gleichzeitig muss die Führungskraft auf Appelle seiner Mitarbeiter hören, denn wie Schulz von Thun (2017) schreibt sind „Die unerfüllten Wünsche von heute [...] die unerfüllten Wünsche von morgen" (S. 41). Aus der Sicht des Empfängers wird dieser sich denken was er machen soll oder wie er sich verhalten soll (vgl. Schulz von Thun, et al., 2017, S.40 f.).

2.3 THEMENZENTRIERTE INTERAKTION

Die Themenzentrierte Interaktion (TZI) von Ruth Cohn konzentriert sich auf die Arbeit eines Gruppenleiters mit Gruppen (vgl. Schmidt, 2006, S. 262). Jede Interaktion einer Gruppe besteht aus drei Faktoren: das „Ich", dass „Wir" und das „Thema". Das „Ich" schließt die Person mit all seinen Eigenschaften und Werten ein. Das „Wir" stellt die Gruppe dar, sowie die Gruppendynamik untereinander und die Beziehungen der Gruppenteilnehmer. Das „Thema" oder auch „Es" genannt, handelt von der Aufgabe, welche die Gruppe bewältigen will. Wichtig ist, dass diese drei Faktoren von einem Globe (Umfeld) umschlossen werden (Abb. 2). Dieses Umfeld beinhaltet „Zeit, Ort und deren historischen, sozialen und teleologischen Gegebenheiten" (Cohn, 2016, S. 114). Somit entsteht eine Balance aus den drei Faktoren in diesem Umfeld. Normalerweise sind diese drei Faktoren in Gruppen nicht richtig ausbalanciert, deshalb muss der Gruppenleiter einen Weg finden eine Dynamische Balance zu kreieren. Dies kann er umsetzen, indem er seine erlernten Fähigkeiten und seine Persönlichkeit treffend einsetzt, neben der Art und Weise wie er die Aufgabe angeht, um die Gruppe erfolgreich zu leiten. Die TZI bringt auch Regeln mit sich, die laut Cohn (2016) die „zwischenmenschliche[r] Verbundenheit fördern sollen" (S. 115). Es gibt sieben Regeln die Cohn als Hilfe aufstellt:

1. *Man soll in einer Gruppe immer sich so verhalten, wie man selber behandelt werden will.*
2. *Jeder Teilnehmer entscheidet für sich selbst, wann sie sprechen wollen oder nicht, beziehungsweise welche Aussagen sie tätigen und welche nicht.*
3. *Keine Person wird während sie redet unterbrochen und es wird nicht dazwischen gesprochen.*
4. *Falls jemand abgelenkt während eines Gesprächs ist, dann soll diese Person sich von der Gruppe temporär entfernen, da es die Gruppe und das Individuum nicht voranbringt.*
5. *Die Gesprächsteilnehmer sollen in der Ich-Form von sich sprechen.*
6. *Es ist besser eine eigene Aussage zu treffen als anderen eine Frage zu stellen (man sollte dann zu seiner Aussage auch stehen).*
7. *Man soll auf die Körpersprache von anderen und sich selbst achten (vgl. Cohn, 2016, S. 112-117).*

Weiterhin werden Störungen als willkommen angesehen, da sie Möglichkeit zur Problemlösung stellen aus denen etwas gelernt werden kann, sei es positiv oder negativ (vgl. Simon, 2010, S. 96).

3. PRAKTISCHER TEIL

Die Ansprache des Trainers, das Einzelgespräch und die Anweisungen während des Spiels sind drei Möglichkeiten, bei denen Trainer und Spieler kommunizieren können. Im Folgenden Abschnitt wird das Einzelgespräch als Praxisbeispiel verwendet. Das Beispiel bezieht sich hierbei auf eigene Erfahrungen als Jugendtrainer, d.h. die Spieler sind im Kindesalter und zwar zwischen neun und elf Jahren einzuordnen. An diesem Beispiel werden die Kommunikationsmodelle von Watzlawick und Schulz von Thun angewendet. Die weiteren Situationen, die Ansprache vor dem Spiel und die Anweisungen während der Partei, werden vereinfacht dargestellt.

3.1 EINZELGESPRÄCH TRAINER – SPIELER

Einzelgespräche sind für den Trainer eine Möglichkeit mit dem Spieler persönlich zu reden. Solche Gespräche sollten optimaler Weise zur Vorbereitung, gegen Saisonmitte und zum Abschluss der Saison gehalten werden. Wichtig sind zudem auch die kurzen Gespräche, die ein Trainer auch mal spontan führen kann. Beispielsweise gibt es Vorfälle, bei denen die Spieler im privaten Leben Probleme haben und deshalb seltener zum Training erscheinen oder im Spiel und Training offensichtlich abgelenkt sind. Hier kommt auch die pädagogische Funktion eines Trainers zum Handeln, der, manchmal auf Anraten der Eltern, mit dem Spieler ein persönliches Gespräch führen soll. Folgendes Beispiel handelt von einem Gespräch zur Saisonmitte.

3.1.1 Anwendung des Modells der fünf Axiome

Die fünf Axiome mit Beispiel

- Trainer bleibt kurz still → mögliche Enttäuschung
- Beziehung zwischen Spieler und Trainer
- Anweisungen des Trainers werden ignoriert/verstanden ⇔ Trainer ignoriert/respektiert Wünsche/Veränderungen von Spielern
- Digital → eindeutige Anweisungen
  Analog → unklare Aussagen
- Symmetrisch → Private Gespräche zwischen Trainer und Spieler
  Komplementär → Maßnahmen vom Trainer an Spieler

Angenommen das Kind, mit dem das Gespräch in diesem Beispiel geführt wird, hat in der ersten Hälfte der Saison nicht die Leistung erbracht, die sich der Trainer erwünscht hat. Folglich kann der Trainer das Gespräch damit eröffnen, dass er zuerst den Namen des Spielers sagt und dann kurz innehält. Wichtig hierbei ist, dass die Mimik und der Tonfall der Stimme dem Spieler schon anzeigen, dass der Trainer nicht erfreut ist über das letzte halbe Jahr. Klar ist aber auch, dass der Trainer nicht zu lange schweigen soll, sonst würde sich das Einzelgespräch nicht lohnen für beide Gesprächspartner. Auf der Seite des Spielers wird vorerst noch Schweigen erwartet. Das kann damit zusammenhängen, dass der Spieler auf seinen Redeeinsatz wartet, er sehr großen Respekt vor dem Trainer hat und sich nicht traut zu reden oder, im negativen Falle, so ein Gespräch nicht abhalten will, da er den Trainer nicht mag oder keine Lust auf die Unterhaltung hat. Das erste Axiom besagt, wie in 2.1 beschrieben, dass auch ohne Worte kommuniziert werden kann.

Damit diese Konversation ein erfolgreiches Resultat hat, muss man die Beziehungsebene mit in Betracht ziehen. Wie im letzten Absatz erwähnt, kann ein Spieler diesen Dialog nicht ernst nehmen, weil er den Trainer unsympathisch findet. Es ist wahrscheinlicher, dass ein Spieler mit dieser Einstellung die Vorschläge missachtet und das Gespräch passiv miterlebt. Weiterführend kann seine Mimik abweisend wirken und soll zeigen, dass er desinteressiert ist. Da ein guter Trainer jedoch immer das Beste aus seinen Spielern holen sollte, wird er dementsprechend versuchen dem Spieler Ratschläge zu geben, wie er sich verbessern kann und welche Erwartungen er an den Spieler stellt. Aus Sicht des Trainers sollte sich dieser am besten nicht von der Beziehung zu dem Spieler leiten lassen, dies umschließt ein bevorzugtes Behandeln oder den Spieler immer wieder zu kritisieren. Einen Spieler absichtlich schlechter werden zu lassen, ist auf der Seite des Trainers höchst unmoralisch.

Im Verlauf der Konversation stellt der Trainer dem Spieler seine Anforderungen und Ratschläge für den Rest der Spielzeit vor. Nochmals kommt die Beziehung zwischen beiden in den Fokus. Der Spieler sollte die Aussagen des Trainers annehmen, um einen Entwicklungsschritt in der Rückrunde zu zeigen und dem Trainer gleichzeitig seinen Willen zur Verbesserung zu demonstrieren. Andererseits kann der Trainer den Spieler fragen, in welchen Bereichen jener sich verbessern kann oder wie er das Training optimieren kann. Prinzipiell sollten beide Parteien bereit sein, aufeinander zu hören und die gegenseitigen Vorschläge zu akzeptieren.

Mit dem Ziel, dass der Spieler sich stetig weiterentwickelt, werden Verbesserungen dem Spieler vorgestellt. Nun kommt es auf den Trainer an, diese auch verständlich zu kommunizieren. Oberflächliche Aussagen veranlassen den Spieler dazu, mehrere Interpretationen zu suchen (Analog), wohingegen eine klar ausführliche Äußerung des Trainers deutlich geringere Verwirrung verursacht (Digital). Beispielsweise will der Trainer, dass sein Spieler mutiger im Spiel agieren soll. Vor allem bei Kindern ist es schwierig, eine solche Aussage zu machen. Das Kind wird sich erstmal hinterfragen müssen in welchem Aspekt es mutiger werden soll. Wenn die Instruktion zum mutiger sein lautet, der Spieler soll öfters in Eins-gegen-Eins-Dribbling gehen oder sich vor keinem Zweikampf scheuen soll, dann ist dem Spieler deutlich klarer, welche Bereiche seines Spiels Verbesserungsbedarf haben.

Das Einzelgespräch ist eindeutig eine komplementäre Kommunikation. Der Trainer ist über dem Spieler angeordnet und gibt seinem Spieler Anweisungen. Es kann aber auch zum Teil eine symmetrische Kommunikation werden, wenn über Themen aus dem privaten Leben gesprochen werden. Da verschwindet die Asymmetrie der Gesprächspartner und sie sind auf einer Ebene.

3.1.2 Anwendung des Kommunikationsquadrats

Anwendung des Kommunikationsmodells

Beispiel: „Konzentriere dich im Training"
- Sachinhalt:
→ Spieler ist abgelenkt im Training
- Selbstkundgabe:
→ Trainer unzufrieden über Trainingsleistungen
- Beziehungshinweis:
→ Trainer will Spieler verbessern
- Appell:
→ Gib im Training 100%

Das Kommunikationsquadrat bietet Einsicht in die verschiedenen Weisen, wie eine Nachricht übermittelt und wie sie aufgenommen wird. Das Anwendungsbeispiel umschließt wieder das Einzelgespräch mit einem Spieler (Kind ist zehn Jahre alt). Hintergrund des Gespräches ist, dass der Trainer sich von seinem Spieler mehr Konzentration im Training wünscht.

Auf der Sachebene stellt der Trainer fest, dass sein Spieler abgelenkt im Training ist. Es kann sein, dass dieser seine Mitspieler sogar ablenkt und somit diese die Übung falsch verstehen oder überhaupt nicht mitbekommen. Der Spieler wägt nun für sich ab, ob die Meinung des Trainers der Wahrheit entspricht und inwiefern diese Aussage für den Spieler selbst wichtig ist. Es sollte ein Ziel für den Spieler werden, sein störendes Verhalten zum Gute der Mannschaft zu verbessern.

Offensichtlich ist der Trainer unzufrieden mit der Leistung des Spielers im Training. Diese Botschaft teilt er explizit durch die Aussage „Konzentriere dich im Training" mit, weil er dies dem Spieler direkt so mitteilt. Der Spieler als Empfänger stellt sich dann verschiedene Fragen über die Aussage und die Art, wie sein Trainer die Aussage getätigt hat.

Da der Spieler motiviert werden soll, werden eher positive und aufbauende Signale versendet. Dem Trainer gelingt dies, indem er seinem Spieler zulächelt oder durch den Einsatz eines positiven Tonfalls. Der Spieler als Empfänger kann sich dadurch wertgeschätzt fühlen. Das Ziel des Trainers ist es, nach dem Gespräch ein zählbares Ergebnis zu haben und auf eine Verbesserung des Spielers zu zielen.

Auf der Appellseite steht klar die Forderung zukünftig Leistung im Training zu zeigen, da es im Interesse des Trainers liegt seine Spieler zu motivieren.

Der Spieler wägt wieder als Empfänger für sich ab, was er jetzt zu machen, denken oder fühlen hat. Die Effekte einer erfolgreichen oder sogar erfolglosen Kommunikation, werden in 4.1 beziehungsweise 4.2 erläutert.

3.2 ANSPRACHE VOR DEM SPIEL

Die Ansprache vor dem Spiel stellt die Mannschaft für das aufkommende Spiel nochmals auf. Bei den Amateuren, im Jugendbereich, findet die Ansprache der Trainer kurz vor Spielbeginn statt. Hier wird den Spielern die Aufstellung, die Ausrichtung im Spiel und die Aufgaben der jeweiligen Spieler mitgeteilt. Eine Voraussetzung für eine erfolgreiche Ansprache ist, dass der Trainer sie nicht mit zu vielen Informationen überflutet. Trotzdem sollte der Trainer einen gewissen Grad an Tiefe aufweisen können. Die Besprechung muss verständlich kommuniziert werden, damit die Spieler einen klaren Plan für das Spiel verfolgen können. Jedoch sollte ein Zeitraum von circa fünf Minuten nicht überschritten werden, da die Spieler, die nicht direkt angesprochen werden, nicht mehr aufmerksam dem Trainer folgen. Ein weiterer bedeutender Punkt ist, die Beziehung der Spieler zum Trainer. Ein Trainer, der es schafft seine Spieler jedes Spiel aufs Neue zu motivieren, wird es einfacher haben während der Besprechung. Im Gegensatz dazu muss ein Trainer, dessen Mannschaft schwer zu motivieren ist oder gar lustlos wirkt, deutlich mehr investieren. Eine klare Motivation könnte er erlangen, indem er kleine Ziele für das Spiel vorgibt, überwiegend positives sagt und den Spielern Belohnungen für erreichte Ziele gibt.

3.3 ANWEISUNGEN WÄHREND DES SPIELS

In-Game Coaching (Anweisungen während des Spiels) ist für manche Trainer eine große Herausforderung. Der Trainer muss genauso wie seine Mannschaft, während des Spiels auf verschiedene Situationen reagieren. Manche Trainer reden über die Dauer des Spiels ständig mit ihrer Mannschaft und versuchen jedes kleinste Detail zu korrigieren. Andere halten sich zurück und kommunizieren kaum, wiederum andere greifen in bestimmten Momenten ein und teilen ihre Anweisungen mit. Jeder Trainer hat seine eigene Philosophie. Auf den Amateurplätzen kann man häufig Anweisungen wie „Spielt wieder gescheiten Fußball" oder „Hört auf mit dem Schmarrn" und ähnliche vage Aussagen hören. Als Jugendtrainer sind solche Aussagen nicht förderlich, weil sie der Mannschaft keinen Anhaltspunkt für eine Veränderung und Verbesserung geben. Gleichzeitig zeigt es der eigenen Mannschaft, dem gegnerischen Trainer und den Zuschauern, dass der Trainer den Spielern nicht helfen kann beziehungsweise nicht über die nötigen

Qualitäten als Trainer verfügt. Ein Trainer, der seinen Spielern oben genannte Aussagen mitteilt, löst bei ihnen Verwirrung und Unverständnis aus. Als Spieler muss man dabei selbst überlegen, was der Trainer nun damit gemeint hat und welche Veränderungen er jetzt sehen will. Meistens endet es damit, dass die Mannschaft keine Reaktion zeigt, da sie nicht wissen wie sie reagieren sollen. Am besten haben die Trainer mit ihrer Mannschaft im Training gemeinsam Ausdrücke einstudiert, die jeder in der Mannschaft mit einem Spielzug oder mit einem Kommando verbinden kann. Dies erleichtert nicht nur die Kommunikation unter den Spielern, sondern auch die vom Spielfeldrand aus.

4. CHANCEN, RISKEN UND VERBESSERUNGSVORSCHLÄGE

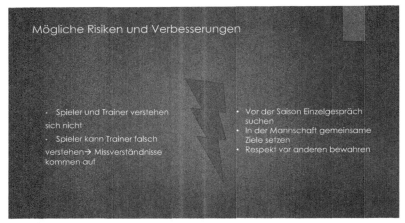

Die Kommunikation zwischen Spieler und Trainer hat Chancen und Risiken die zu beachten sind. Jeder Spieler reagiert anders auf Unterhaltungen mit ihrem Trainer. Um weitere Risiken einzudämmen und die positive Seite der Kommunikation zu stärken, gibt es als Abschluss des Hauptteils Vorschläge um die Kommunikation zu verbessern. Diese beziehen sich auf die Interaktion des Trainers zu seiner Mannschaft als Ganzes, damit die folgend genannten Risiken nicht eintreten können.

4.1 RISIKEN DER KOMMUNIKATION

Das vielleicht größte Risiko in der Kommunikation ist, dass sich beide Parteien schon davor nicht verstehen. Mangelhafte Kommunikation führt sehr oft zu Missverständnissen, diese wiederum häufen sich an und aus den Meinungsverschiedenheiten entstehen schlussendlich größere Probleme. Ein weiterer Gefahrenherd, vor allem im Jugendbereich, sind die Eltern. Kinder, die sich über den Trainer beschweren, lassen ihren Unmut den Eltern zukommen, die dann beim Trainer über sein Verhalten klagen. Auf der Seite des Spielers, kann dieser sich über mangelnde Einsatzzeit oder Nichtberücksichtigung beim Ernennen eines Förderkaders aufregen. Der Auslöser einer solchen Situation könnte an einer mangelhaften Kommunikation auf der Seite des Trainers liegen, der die Gründe für oben genannte Entscheidungen dem Spieler nicht ausreichend vermitteln kann. Ein aktuelles Beispiel für mangelhafte Kommunikation ist, die zukünftige Nichtberücksichtigung von Thomas Müller, Jerome Boateng und Mats Hummels aus der Nationalmannschaft. Die drei Nationalspieler sind enttäuscht über die Art und Weise, wie der Bundestrainer Joachim Löw seine sportliche Entscheidung ihnen mitgeteilt hat. Der FC Bayern hat zudem ebenfalls ihre Meinung mittels einer Pressemitteilung kundgegeben. Auch sie sind enttäuscht, dass die DFB-Verantwortlichen ohne Vorankündigung zum Trainingsgelände angereist sind, um ihre Entscheidungen den Spielern mitzuteilen. Weiterführend ist ein großer Kritikpunkt, dass die Statements auf den Social-Media Seiten des DFBs schon vorgefertigt waren, bevor die Spieler über die endgültige Entscheidung erfahren haben.

4.2 CHANCEN VON GUTER KOMMUNIKATION

Auf der anderen Seite hat eine gute Kommunikation nennenswerte Chancen, die Beziehung von dem Trainer zu seinem Spieler zu verbessern. Aufbauend auf das Beispiel aus 3.1, können positive Reaktionen dem Gespräch entnommen werden. Beispielsweise nimmt der Spieler die Ratschläge des Trainers an sich, folglich steigert er die erbrachte Trainingsleistung, was ihn wiederum als Spieler in seiner eigenen Entwicklung voranbringen wird. Dank dieser Leistungssteigerung bietet er sich als Alternative für Punktspiele an. Auf das ganze Team gesehen kann ein Trainer mit sehr guter Kommunikation und vor allem Motivation Außergewöhnliches mit der Mannschaft erreichen. Jose Mourinho wird immer wieder nachgesagt, dass er die Spieler mit seiner Kommunikationsart mitreißen und überzeugen kann. Mit ihm konnte Inter Mailand 2010 das erste Tripel in italienischer Fußballgeschichte gewinnen. Viele Spieler berichten über die damalige Zeit, dass sie für ihren Trainer immer 100% gegeben haben und sie sich dem Erfolg und dem Trainer komplett untergeordnet haben.

Da jeder Spieler unterschiedlich auf den Input des Trainers reagiert, müssen Spieler mit einem gewissen Maß an Selbstmotivation nicht nochmals stark motiviert werden. Andererseits gibt es Spieler, die etwas zurückhaltender sind. Diese müssen vom Trainer aus motiviert werden.

4.3 VERBESSERUNGSVORSCHLÄGE

Ein Trainer ist ein Gruppenleiter. Er muss die Gruppendynamik mit seinen Fähigkeiten und seiner Persönlichkeit aufrechterhalten. Um dies zu erklären kann der Trainer die TZI von Ruth Cohn als Modell zur Unterstützung nutzen, damit die Kommunikation verbessert wird. Die TZI beinhaltet das „Ich", „Wir" und „Es", sowie sieben Regeln zur Unterstützung. Das „Ich" sind in diesem Fall der Trainer oder der Spieler, man kann es auf beide Seiten anwenden, da der Trainer auch ein Teil der Mannschaft ist. Das „Wir" ist die Mannschaft bestehend aus Spielern und Trainer. Das „Es" ist das Ziel/Vorhaben, das die Mannschaft sich vor der Saison gesteckt hat, dies kann der Aufstieg, die Meisterschaft oder der Klassenerhalt sein. All diese drei Faktoren sind in dem Umfeld, welches sie durch ihre Persönlichkeiten erzeugen, eingespannt. Die sieben Regeln zur Verbesserung der zwischenmenschlichen Interaktion lassen sich in einer Fußballmannschaft wie folgt aufstellen:

1. Der Trainer respektiert seine Spieler, behandelt sie ihrem Alter entsprechend. Andersherum bringen die Spieler dem Trainer mehr Respekt entgegen und lassen sich angenehmer trainieren.
2. Die Spieler dürfen sich einbringen. Sie können dem Trainer Vorschläge im Training oder im Spiel machen. Jedoch müssen die Spieler den richtigen Moment abwägen, wann sie sich einbringen wollen.
3. Damit die Spieler eine Trainingsübung ohne Probleme verstehen können, wäre es ein Nachteil dem Trainer beim Erklären der Übung zu unterbrechen.
4. Darauf aufbauend kann der Trainer, Spieler, die beim Erklären der Übung andere ablenken wegschicken und im Nachherein persönlich die Übung erklären.
5. Der Trainer spricht in der Ich-Form zu den Spielern.
6. Spieler können ihre eigenen Meinungen dem Trainer zum Training/Spiel mitteilen.
7. Man kann Spielern während des Spiels die Aufgeregtheit oder Erschöpfung an ihrer Körpersprache anerkennen. Darauf sollte der Trainer achten, falls er noch auswechseln will.

Weiterhin ist der Aufbau und das Erhalten der Beziehung zu den Spielern von großer Wichtigkeit. Der Trainer sollte sich mit dem Team identifizieren und ein positives Umfeld kreieren. Vor allem bei jungen Spielern im Kindesalter sollte man sie nicht für jede falsche Aktion sofort anschreien. Als Jugendtrainer kommt man im Austausch mit Trainerkollegen beziehungsweise man erlebt andere Trainercharaktere während des Spiels. Es kann öfters vorkommen, dass Trainer ihre Kinder für die kleinsten Fehler anschreien und sie für den Misserfolg verantwortlich machen. Bei solchen Trainern entsteht der Eindruck, dass sie sich selbst profilieren wollen und nicht die Entwicklung der Kinder in den Vordergrund stellen. Solche Aktionen, wie bei jedem Fehler laut werden, schaffen Ängste bei den Kindern. Diese trauen sich folglich nicht mehr zum Beispiel auf das Tor zu schießen, da sie befürchten müssen angeschrien zu werden, wenn der Ball nicht im Tor landet.

Ein weiterer Punkt ist, die Entstehung von sozialem Zusammenhalt. Dies kann mit einfachen Mitteln wie Vertrauen, sympathischen Verhalten und gemeinsamen Zielen und Regeln erreicht werden. Der Kontakt und die Kommunikation sollten als Folge intensiviert werden. Weitere Methoden sind Aktivitäten, die außerhalb des Platzes unternommen werden können, wie z.B. bowlen gehen in der Vorbereitung oder ein gemeinsames Wochenende als Saisonabschluss. Wichtig ist es auch, diese Aktivitäten öfters im Laufe der Saison stattfinden zu lassen (vgl. Aus einer Mannschaft ein Team formen! o.D).

Regeln müssen aufgestellt werden, an denen sich die ganze Mannschaft orientieren sollte. Die Initiative sollte der Trainer übernehmen und die Regeln auch eindeutig definieren. Des Weiteren werden Werte und Ziele bestimmt. Weitere wichtige Faktoren beim Teambuliding sind das Angewöhnen von gemeinsamen Ritualen, wie Musik hören vor dem Spiel und Teamsprüchen, die unmittelbar vor dem Anpfiff im Spielerkreis ausgerufen werden (vgl. Gemeinsam auf und neben dem Platz, o.D.).

Der Trainer sollte unter anderem darauf achten jeden gleich zu behandeln und keine Ungerechtigkeit walten lassen. Weiterhin muss er ein Vorbild für seine Spieler sein, sowohl auf dem Platz im Umgang mit dem Gegner und dem Schiedsrichter als auch neben dem Platz. Er soll den Spielern eine Möglichkeit geben sich selbst einzubringen, damit ihre Eigeninitiative gefördert wird. Außerdem soll er die Persönlichkeitsförderung unterstützen. Der DFB gibt den Trainer einen sehr guten Leitfaden, wie sie den Zusammenhalt im Team fördern können.

Wenn ein Trainer sich zudem noch viel mit seinen Spielern unterhält und die oben genannten Verbesserungen ihre Wirkungen zeigen, dann ist die Kommunikation zwischen Spieler und Trainer einwandfrei und es entstehen kaum Probleme. Natürlich liegt hier jedem Trainer eine persönliche Philosophie vor wie er seine Mannschaft leiten will.

Beispiele aus dem Profi Bereich wären Jürgen Klopp oder Louis van Gaal. Ersterem wird ein freundschaftliches Verhalten zugesprochen. Im Fall von Mario Götze fast schon ein väterliches Verhältnis. Schon beim BVB und auch zur jetzigen Zeit beim FC Liverpool kann man die Kommunikationsart von Klopp erkennen. An der Seitenlinie ist er sehr emotional und versucht dadurch seine Mannschaft zu ermutigen, außerdem spricht er sehr viel mit seinen Spielern. Louis van Gaal ist ein Gegensatz zu Jürgen Klopp. Er beruhte darauf, dass die Spieler immer diszipliniert ihm gegenüber sind. Allein während seiner Zeit beim FC Bayern wurde öfters über interne Unruhen berichtet. Zusätzlich hat sich van Gaal den Spitznamen ,,Tulpen-General" erarbeitet. Ihm wird ein Umgang mit seinen Spielern nachgesagt, wie es ein General im Militär handhaben würde.

5. ZUSAMMENFASSUNG/FAZIT

Wie schon im Verlauf der Arbeit beschrieben worden ist, gibt es verschiedene Kommunikationsmodelle die als Unterstützung zum besseren Verständnis dienen.

Nochmals kurz zusammengefasst besagen die fünf Axiome von Paul Watzlawick, dass eine Person auch durch absichtliches Schweigen und Ignorieren mit einem Gesprächspartner kommunizieren kann. Als nächstes wurden die Inhaltes– und Beziehungsebene näher beleuchtet. Watzlawick stellte heraus, dass während einer Unterhaltung die Beziehungseben die Art und Weise, wie der Inhalt übermittelt wird, bestimmt. Meist kommt diese Form des dritten Axiomes bei einem Streitgespräch vor. Kurz beschrieben setzt jeder Partner für sich den Gesprächsanfang und beschuldigt den anderen den Streit fortzuführen. Dazu können eine Aktion und Reaktion auch daraus bestehen, dass ein Gesprächspartner auf die Aussage des anderen reagiert. Äußerungen können digital und analog sein. Das bedeutet die Nachrichten haben einerseits keinen Interpretationsinhalt und die Gesprächsteilnehmer wissen genau, um was es geht. Andererseits kann eine Nachricht auch sehr viel Interpretationsraum haben. Das letzte Axiom beschreibt, ob es eine Rangordnung in der Kommunikation gibt. Bei der symmetrischen Kommunikation sind die Partner gleich. Im Gegensatz dazu werden die Gesprächsteilnehmer bei komplementärer Kommunikation einen höheren und niedrigeren Rang haben.

Friedemann Schulz von Thun erklärt die Kommunikation anhand des Kommunikationsquadrates. In dieses Quadrat fließen die vier Schnäbel, die vier Seiten und die vier Ohren einer Nachricht mit ein. Der Sachinhalt beschreibt die Fakten der Äußerung und ihren Wahrheitsgehalt. Bei der Selbstkundgabe wird in der Nachricht durch non-verbale Aktionen unterstützt und der Mensch gibt etwas von sich Preis ohne es zu beabsichtigen. Der Inhalt auf Beziehungsebene wird auch von non-verbalen Merkmalen bestimmt. Mimik, Gestik und Tonfall zeigen die Beziehung der Gesprächspartner. Letztlich wird auf der Appell Ebene versucht auf den anderen Gesprächsteilenehmer Einfluss zu nehmen.

Die TZI von Ruth Cohn konzertiert sich auf die Leitung einer Gruppe. Knapp zusammengefasst gibt es drei Faktoren („Ich", „Wir", „Es") die von einem Umfeld umgeben sind. Dazu gibt es sieben Regeln als Unterstützung zur Förderung der zwischenmenschlichen Beziehung.

Die Kommunikation mit den eigenen Spielern ist immer eine Herausforderung für den Trainer. Man weiß nie wie die Spieler auf einen reagieren können. Abschließend ist noch zu sagen, dass jeder Trainer natürlich auch seine eigene Art hat zu kommunizieren. Die Trainer sollten sich auch selber informieren, indem sie mit anderen Trainerkollegen reden, sich an Fortbildungen anmelden oder im Internet recherchieren, wie sich verbessern können.

Die drei beschriebenen Modelle können einem Trainer Hilfe leisten, wenn dieser die Kommunikation zu den Spielern verbessern will. Die fünf Axiome und das Nachrichtenquadrat bieten sich dabei als gute Lösungen an, wenn ein Einzelgespräch geführt werden soll. Hierbei kann der Trainer, an den Inhalten der Theorien sehen, wie mit dem Spieler (in den vorigen Beispielen ein zehnjähriges Kind) kommuniziert werden soll. Somit kann der Trainer ein einfacheres Gespräch führen und das Risiko von Missverständnissen wird deutlich geringer.

Für die Verbesserungen innerhalb der Mannschaft bietet sich die TZI von Ruth Cohn an. Da sie auf den Umgang mit Gruppen spezialisiert ist kann der Trainer dieses Modell für den Gruppenzusammenhalt benutzen. Die weiteren Vorschläge bestehen aus eigenen Vorstellungen, sowie Anhaltspunkte, die der DFB den Trainern gibt. Die Vorschläge sollen die Beziehung des Trainers zu seiner Mannschaft verbessern, sowie auch den Zusammenhalt innerhalb der Mannschaft. Folglich ist das Mannschaftklima positiver und Situationen in der eine Kommunikation stattfindet (Ansprache vor dem Spiel, Einzelgespräch und Anweisungen während des Spiels) können einfacher gemeistert werden.

LITERATURVERZEICHNIS

- Alter, U. (2015). *Grundlagen der Kommunikation für Führungskräfte: mitarbeitende informieren und Führungsgespräche erfolgreich durchführen* (E-Book). Abgerufen am 8. Februar 2019 von https://ebookcentral.proquest.com
- Cohn, Ruth C.. (2016). *Von der Psychoanalyse zur themenzentrierten Interaktion: von der Behandlung einzelner Pädagogik für alle.* (18. Aufl.). Klett-Cotta.
- Eberhardt, D. (Ed.). (2013). *Together is better?: Die Magie der Teamarbeit entschlüsseln.* Abgerufen am 22. Februar 2019 von https://ebookcentral.proquest.com
- Haller, R. (2018). *Bedürfnis- und lösungsorientierte Gespräche führen - privat und beruflich: 10 Tipps zur erfolgreichen Kommunikation.* Abgerufen am 24. Februar 2019 von https://ebookcentral.proquest.com
- Schmidt, Thomas. (2006). *Kommunikationstrainings erfolgreich leiten: Fahrplan für das Seminar „Kommunikation und Gesprächsführung".* ManagerSeminare-Verlag.
- Simon, W. (2010). GABALs großer Methodenkoffer: Grundlagen der Kommunikation. Abgerufen am 24. Februar 2019 von https://ebookcentral.proquest.com
- Schulz von Thun, Friedemann., Ruppel, Johannes., Stratmann Roswitha., Kurth, Nina. (2017). *Miteinander reden – Kommunikationspsychologie für Führungskräfte* (17. Aufl.). Rowohlt Taschenbuch Verlag.
- *Aus einer Mannschaft ein Team formen!* Abgerufen am 2. März 2019 von https://www.dfb.de/trainer/artikel/aus-einer-mannschaft-ein-team-formen-2252/?no_cache=1
- *das Kommunikationsquadrat.* Abgerufen am 10. Februar 2019 von https://www.schulz-von-thun.de/die-modelle/das-kommunikationsquadrat
- *Gemeinsam auf und neben dem Platz.* Abgerufen am 2. März 2019 von https://www.dfb.de/trainer/artikel/gemeinsam-auf-und-neben-dem-platz-352/

BEI GRIN MACHT SICH IHR WISSEN BEZAHLT

- Wir veröffentlichen Ihre Hausarbeit, Bachelor- und Masterarbeit

- Ihr eigenes eBook und Buch - weltweit in allen wichtigen Shops

- Verdienen Sie an jedem Verkauf

Jetzt bei www.GRIN.com hochladen und kostenlos publizieren